# OPORTUNIDADES

## DE

# EMPLEO

I0176999

## McDougal y Asociados

*Servidores de Cristo y administradores de los misterios de Dios*

# OPORTUNIDADES DE EMPLEO

## Puestos disponibles en el Reino de Dios

por

## Linda Gourdine-Hunt

OPORTUNIDADES DE EMPLEO: Puestos disponibles en el Reino de Dios
Copyright © 2011 por Linda Gourdine-Hunt

Publicado por:

McDougal y Asociados
18896 Greenwell Springs Road
Greenwell Springs, LA 70739
Estados Unidos de Norteamérica

McDougal y Asociados están dedicados a la divulgación del Evangelio del Señor Jesucristo.

ISBN: 797-1-934769-81-2

Impreso por demanda en E.E.U.U, Inglaterra y Australia
Para distribución mundial

# DEDICATORIO

A mi abuelita, Helen Capers Scott, cuya luz siempre brillará en mi corazón.

# Reconocimientos

*Reconozco humildemente la ayuda inapreciable de los siguientes:*

Dios, por Su mensaje, la visión y la gracia que me permitieron hacer este trabajo para Su gloria

Steve, mi marido, por sus oraciones, el sacrificio, el ánimo y apoyo amoroso a través de esta tarea entera

Tareak Johnson, mi hijo, cuyo apoyo y contribución yo siempre estimaré. Espero que continúe permitiendo que Dios te utiliza para Su gloria.

Tonya, mi hermosa hija, para sus oraciones, su sensibilidad y su amor.

Kim Moss, mi mejor amiga de más de veinticinco años quien me ha animado a escribir este librito durante los últimos quince años. Gracias por sus ideas, su persistencia y su labor de amor. Sobre todo, gracias por ser la persona que eras.

McDougal y Asociados, mis editores y publicadores. Estoy agradecida. Gracias.

Labeebah Matheen, mi hermana fiel desde 1972. Gracias por su amor y el ánimo que me ha prestado a través de los años.

Un agradecimiento especial a todos ustedes que contribuyeron a la sección "Comparten otros" y un saludo especial a toda la familia, los amigos, los socios y los colegas que me ayudaron en cualquiera manera. Que Dios les bendiga ricamente a cada uno.

# CONTENIDO

*Recorría Jesús todas las ciudades y aldeas, enseñando en las sinagogas de ellos, predicando el evangelio del reino y sanando toda enfermedad y toda dolencia en el pueblo. Al ver las multitudes tuvo compasión de ellas, porque estaban desamparadas y dispersas como ovejas que no tienen pastor. Entonces dijo a sus discípulos: "A la verdad la mies es mucha, pero los obreros pocos. Rogad, pues, al Señor de la mies, que envíe obreros a su mies".* Mateo 9:35-38

# LA INTRODUCCIÓN

Durante años me preguntaba por qué había nacido. ¿Qué fue mi objetivo en la vida? A menudo, me acosté agobiado, especialmente después de mirar las noticias mundiales de noche. Habían tantos problemas en el mundo. ¿Qué podría hacer yo para cambiar la vida de los muchos necesitados?

Al mismo tiempo estuve (y todavía estoy) en la admiración total de Dios. ¿Cómo podría cuidar Él de todas las personas en este mundo vasto? ¿Cómo pudo Él contestar el grito de una madre cuyo bebé fue desahuciado y, a la vez, preocuparse del hecho de que yo deseaba una pizza con legumbres o algunas papas fritas de marca Utz para comer? ¡A mí, todo eso fue tan asombroso!

Entonces, por el estudio de Su Palabra, yo aprendí que Dios utiliza a personas como mí par hacer Su ministerio. Somos, pues, Sus manos, Sus pies, Su sonrisa y Sus brazos amorosos en este mundo. Nosotros, a quien Él ha dado dones irrevocables, somos la respuesta a cada mal social desde el hambre en reservaciones de los indios norteamericanos hasta las matanzas insensatas en Darfur, África.

La Palabra de Dios nos muestra que Jesús fue afligido en todos los aspectos en que somos afligidos, y que Él sien-

**13**

te el dolor de toda la humanidad. Él conoce donde todos sufrimos.

Teniendo conocimiento de que Él nos ama nos da consuelo—aun en medio de las aflicciones más difíciles de la vida; y, Él se deleita en librarnos de todas nuestras angustias. Él logra esto por medio de Su pueblo, usándonos a nosotros para satisfacer las necesidades de los demás. De repente, ya tuve un objetivo en mi vida, un propósito.

En el otoño de 1993, fui invitado a una reunión donde predicaba un profeta. Su mensaje aquella noche fue titulado: "Todo lo que tengo es un frasco de aceite", y fue basado en la historia de la mujer Sunamita en el libro de Segundo de Reyes. Fue un mensaje que cambió mi vida, que me llevó a hacer un inventario de ella.

Fue una temporada en la que los recursos físicos fueron muy escasos, mas yo descubrí que había un frasco de aceite dentro de mí. Dios me había bendecido con una voz fuerte, junto con un don de escribir y hablar. Fueron dones que yo podría utilizar para adelantar Su Reino.

En un culto subsiguiente, Dios habló conmigo otra vez por medio del mismo profeta acerca de un mensaje que iría a través de la nación. No mucho tiempo después de eso, al sentarme en mi sala en Jamaica, Nueva York, manteniendo una conversación con mi Padre Dios, fui inspirada a escribir un folleto que contiene las semillas del mensaje de este libro.

Debido en gran parte a mi querida amiga y hermana, Kim B. Moss, la cual, indiferente a mis protestas, prácticamente me llevó arrastrada a la imprenta, *Oportunidades de empleo: Una llamada divina del corazón de Dios a Su pueblo* de pronto salió impreso, y he sido bendecida desde entonces llevar este mensaje al pueblo de Dios dentro y fuera del país, y mientras lo he hecho, la revelación ha crecido.

¿Cuales dones ha puesto Dios en usted? ¿Puede cantar? ¿Puede redactar? Quizá puede tocar un instrumento musical o cocinar. ¿Puede tomar un momento para escuchar a alguien que tiene el corazón roto? Hay algo que cada uno de nosotros podemos hacer. Siga la dirección de Dios, y como le indica, alcance a alguien, tocando su corazón con amor.

Este grito del corazón de Dios sale "al que crea" con el propósito de hacer todo lo posible para aliviar la condición humana. Si tiene la compasión y un corazón lleno de deseo para utilizar los dones que le ha dado, entonces considera, por favor, la invitación del Señor.

Jesucristo es el empleador mejor que usted jamás podría tener, y hay mucho trabajo para hacer en Su Reino. Él dijo, *"A la verdad la mies es mucha, pero los obreros pocos."* (Mateo 9:37). He contestado el anuncio divino de empleo. ¿Se unirá conmigo hoy?

*Linda Gourdine-Hunt*
*Springfield Gardens, New York*

# LA PRIMERA PARTE

# OPORTUNIDADES DE EMPLEO

**ANUNCIOS CLASIFICADOS**

# PUESTOS VACANTES

Se busca personas que desean una jornada completa
de trabajo o desean una posición de trabajo a
tiempo parcial

## MINISTROS DE LA COMUNIDAD

Puestos para ser llenados dondequiera
que haya gente sin hogar o con hambre.
Debe ser una persona que ama a otros
y este dispuesto a servir con amor y
compasión. Se requiere un conocimiento de
la Palabra de Dios para que puede orar,
animar y consolar a los necesitados. Un
conocimiento de recursos de la comunidad
también será útil.

Pago espiritual excelente
con beneficios eternos

Llame al: S-E-Ñ-O-R--M-Á-N-D-A-M-E

* El Reino del Señor Jesucristo no discrimina a ninguna
persona por razones de raza, religión, origen nacional o
étnico, color, o sexo.

## ◈ 1 ◈

# SE BUSCA:
## PERSONAS DISPUESTAS PARA MINISTRAR A LOS INDIVIDUOS SIN TECHO

*El que cierra su oído al clamor del pobre
tampoco será oído cuando clame.*

Proverbios 21:13

Es un día airoso y fresco, y Jesucristo, nuestro Señor y Salvador, decide dejar Su trono en la gloria para poder caminar en los campos abiertos y vastos, porque es tiempo de la cosecha, y Él desea inspeccionar las frutas de Sus campos. ¿Qué piensas tú que encontrará?

Bajo un cielo claro, Él llega en los litorales del campo a tiempo de observarle a Roberto, un hombre sin hogar, afanosamente entregado a su tarea de mañana, la de examinar el contenido de los basureros del vecindario con la esperanza de encontrar algo que comer.

**19**

## El grito de un hombre sin techo

Con manos extendidas a los que pasan, imploro,
"Por favor, una moneda para un hombre humilde,
necesitado".
Mas, parece que mis súplicas se caen sobre oídos sor-
dos,
mientras paso estas calles cargadas de necesidad y
lágrimas.

Para sobrevivir, cuando venga el hambre, mi orgullo
se pierde,
así que añoro lo que está por dentro de la basura que
otros botan.
Con fuerza y resolución, ignoro los microbios y las
enfermedades,
y, con humildad de corazón, doy gracias por lo recibido.

Entonces cierro mis ojos, y me obligo a tragarlo,
para poder callar los gritos de mi estómago vacío.
Con lágrimas, me recuerdo las comidas con vino se-
lecto.
Ahora mi comida fina viene de los deshechos en los
contenedores de la basura.

Para ocultar el dolor de ser tan reducido,
Me oculto en las sombras, como un recluso sin techo.
Estoy disponible para trabajar para el alimento, mas
me niegan la oportunidad, diciéndome, "Es inestable"
y "Su traje es inapropiado".

20

*Busco refugios, esperando en la cola por horas,*
*mas, las necesidades de una familia son mayores que*
*las mías.*

*¿Qué puedo hacer para levantarme sobre todo esto,*
*para escapar la realidad de un mundo sin amor?*
*Detenerse para charlar conmigo nadie se atreve;*
*conocen las necesidades, mas, nadie conmigo comparte.*
*Conocen las heridas, mas, a nadie le importa.*
*Así que, sé que nadie me tiene en los labios de sus*
*oraciones.*

*Ya me canso, y todo me duele. Estoy tan solo y fatigado*
*de pedir ayuda en un mundo que no me oye.*
*Entonces, esta noche, al acostarme para concluir el día,*
*en mi mundo en el cual el sol no brilla,*
*mientras otros oran para ser mantenidos en su sueño,*
*yo le pido a Dios que me llevará durante el mío.*

—Tareak Johnson

# SE BUSCA EN EL REINO DE DIOS:

## ¡PERSONAS DISPUESTAS PARA MINISTRAR A LOS INDIVIDUOS SIN TECHO!

# PUESTOS VACIOS

## MINISTROS A LOS JÓVENES

Capacidad para aconsejar según la Palabra de Dios a las adolescentes embarazadas o a las que ya son madres. Se requiere experiencia en el trabajo con la juventud y con familias en peligro. Conocimiento de sistemas de apoyo social y recursos educativos es necesario.

Pago espiritual excelente
con beneficios eternos

Llame al: S-E-Ñ-O-R--M-Á-N-D-A-M-E

* El Reino del Señor Jesucristo no discrimina a ninguna persona por razones de raza, religión, origen nacional o étnico, color, o sexo.

## ❧ 2 ❧

# SE BUSCA:
# PERSONAS DISPUESTAS PARA MINISTRAR A LAS ADOLESCENTES EMBARAZADAS

*Venid a mí todos los que estáis trabajados y carga-*
*dos, y yo os haré descansar. Llevad mi yugo sobre*
*vosotros y aprended de mí, que soy manso y humil-*
*de de corazón, y hallaréis descanso para vuestras*
*almas.*                                        Mateo 11:28-29

Yéndose más adentro en el campo, nuestro Señor
ve Elisabet, una adolescente de dieciséis años que
está embarazada. Sentada sola en el parque, se siente herida, solitaria y atemorizada, y porque nadie
toma el tiempo para hablar con ella, está contem-
plando suicidarse. Le parece que nadie comprende
su situación.

# *Embarazada y desesperada*

¿Cuánto tiempo durará el sentirme ser señalada y burlada,
El error que cometí, cuando en la cama me acosté,
Y las consecuencias que lo siguen?

¡Tan joven! ¡Tan insensata! Mi curiosidad me venció.
Hablan divulgando calumnias, dispersan mentiras, y me
tienen en poco.
Mi familia se siente avergonzada, diciéndome que les causé
vergüenza.
Ahora quieren repudiarme, puesto que he deshonrado su nombre.

Estoy espantada, solitaria, deprimida y rechazada,
Pagando el precio del sexo sin protección.
¿Cómo podría haber sido tan tonta, para entregar mi tesoro
tan inapreciable?
El muchacho me dejó sola, para soportar todo sin ayuda,
Sin la ayuda de él para seguir la lucha.

¿Aborto mi niño y sigo adelante después de haber matado
a un inocente,
Aunque este pensamiento so opone y va en contra de mi
sentido interior?
Los días y las noches de mi vida libre de preocupación
Ahora están llenas de presión y tensión.
Me acuesto de noche en sueños de temor,
Y no quiero despertarme de nuevo.

No hay nadie a quien correr, nadie a quien hablar,
Ningún brazo para aliviar mi carga dentro de esta tormenta
por la que paso.

*No tengo amigos ni familiares, porque me han abandonado.*
*Ya no tengo deseo para luchar, y estoy cansada de mantenerme de pie.*

*No tengo pensamientos de consolación. Estoy atrapada en mis decisiones.*
*Nadie se preocupe de mis gritos; me siento que he quedado sin voz.*
*No hay palabras que me inspiran, nadie siente mi pena.*
*Ningún amor tengo para hoy, y ya no deseo mañana.*

*Pues, aquí estoy sentado en este parque con esta pistola y este cuchillo,*
*Escogiendo la herramienta con que tomarme la vida.*
*¡Demasiada dura la circunstancia! ¡No hay paz! ¡No hay descanso!*
*¿Porqué luchar para encontrar la paz? ¡Lo tendré en la muerte! ¡BALAZO!*

—Tareak Johnson

# SE BUSCA EN EL REINO DE DIOS:

## PERSONAS DISPUESTAS PARA MINISTRAR A LAS ADOLESCENTES EMBARAZADAS

# PUESTOS VACANTES

# PARA LLENARSE

# DE INMEDIATO

El Reino de Dios busca a personas con dones en el ministerio de servicio a los ancianos. Debe poseer excelentes habilidades interpersonales, la compasión y la paciencia. Tener experiencia es ventajosa. Puestos en toda localidad.

Pago espiritual excelente
con beneficios eternos

Llame al: S-E-Ñ-O-R--M-Á-N-D-A-M-E

* El Reino del Señor Jesucristo no discrimina a ninguna persona por razones de raza, religión, origen nacional o étnico, color, o sexo.

# SE BUSCA:

## PERSONAS DISPUESTAS PARA MINISTRAR A LOS SOLITARIOS

*La religión pura y sin mancha delante de Dios el Padre
es esta: visitar a los huérfanos y a las viudas en sus
tribulaciones ... .*             Santiago 1:27

Luego hay la Sra. López, una anciana, cuyo
cuerpo está llena de artritis. Ella está mirando por
la ventana del primer piso, esperando y orando que
hoy será diferente, que alguien—cualquiera—toma-
rá nota de que ella anhela un abrazo, un saludo o,
por lo menos, una sonrisa. Entonces no se sentiría
tan olvidada, tan abandonada, tan sola.

# La oración de una viuda

Señor, aquí estoy en la ventana (gracias por otro día),
estoy vestida, de juicio sano, y con ojos que todavía
ven, levanto a Ti mi oración.

Con el dolor de artritis, mi cuerpo me despierta,
apenada al levantarme de la cama, porque la solidad
me espera.

Necesito ayuda para bañarme y poner en orden este
lugar,
logré peinarme hoy, todo por Su gracia.

Mi cónyuge ha pasado, y mis niños han crecido,
tampoco tienen tiempo para mí en sus vidas.
He sobrevivido a mis hermanos; mis padres están en
reposo,
y la muerte ha reclamado a todos mis mejores amigos.
Ya no hay golpe en la puerta, ni el timbre del teléfono,
ni cartas en el correo, ni el amor en mi hogar.

¿Si me caigo al piso cuando estoy en el dolor, sabrá
alguien?
¿Si pido ayuda cuando estoy necesitada, llegará alguno?

Por mi ventana, yo permanezco al mundo conectada,
a los que pasan, aunque estoy totalmente invisible a
ellos.

De su parte, no hay ningunos saludos, ni sonrisas en
sus caras,
solo miradas fijas y lejanas, y pasos apresurados.

*¿Es de terminar mi vida así, sola en este cuarto?*
*Envía alguien para averiguar acerca de mí, y levantarme de esta penumbra.*
*Señor, recordando mi vida, sin duda, Tú has cuidado de mí.*
*Dentro de pocos días, por Tu gracia, celebraré mi cumpleaños de ochenta años.*
*Señor, gracias por escucharme. Sé que Tú me amas de verdad,*
*y creo que enviarás alguien como respuesta a mi oración.*
*¡Amén!*— Tareak Johnson y Linda Gourdine-Hunt

# SE BUSCA EN EL REINO DE DIOS:

## PERSONAS DISPUESTAS PARA MINISTRAR A LOS SOLITARIOS

# ¡ATENCIÓN!

Buscando llenar puestos de jornada completa y también puestos a tiempo parcial para:

# MENTORES

Dispuestos a aconsejar a la juventud en peligro. Debe tener excelente habilidad para comunicarse y una comprensión de la cultura adolescente. Un conocimiento de los recursos de la comunidad también será ventajoso.

Pago espiritual excelente
con beneficios eternos

Llame al: S-E-Ñ-O-R--M-Á-N-D-A-M-E

\* El Reino del Señor Jesucristo no discrimina a ninguna persona por razones de raza, religión, origen nacional o étnico, color, o sexo.

# ⌐ 4 ¬

# SE BUSCA:

## PERSONAS DISPUESTAS PARA MINISTRAR A LOS PANDILLEROS

*Porque no tenemos lucha contra sangre y carne, sino contra principados, contra potestades, contra los gobernadores de las tinieblas de este mundo, contra huestes espirituales de maldad en las regiones celestes.* Efesios 6:12

¡BALAZO! ¡BALAZO! ¡BALAZO! El sonido de descargas llama la atención de nuestro Señor de la parte occidental del campo. Allí dos pandillas rivales, Lo-Quiero-Ahora y Lo-Consigo-Rápidamente, se confrontan el uno al otro, y disputan, matándose el uno al otro por causa del territorio para la distribución de la droga.

31

## El caso de Kareem

Kareem tenia sólo once años cuando su madre le abandonó. Ella no podría soportar más golpes de su amante.

Hace mucho tiempo, ella había puesto su confianza en las drogas para medicar sus heridas emocionales, y se metió en la prostitución una y otra vez para suplir sus demás necesidades. La vida se hizo cada vez más difícil para Kareem, porque su mamá volvió a casa menos y menos ... hasta que dejo de volver por completo. Ahora Kareem no tuvo mamá, ni alimento, ni dinero, ni amor, ni hogar. El tampoco pudo soportar más golpes. Así que, Kareem, a la edad de once, se encontró solo, teniendo que defenderse por si mismo en el mundo.

Durmió en los carros abandonados, por debajo de las gradas y sobre los tejados—cuando no hacía demasiado frío. A veces iría a la casa de un amigo, Juan, justo a tiempo para cenar. Deseaba lo que Juan tenía: alimento, una cama, la mamá para preguntarlo si había hecho sus deberes de clase, y un padre que lo tomaría y aplicara la disciplina de vez en cuando.

Conocido alrededor del vecindario como "el hombrecito," Kareem se retiró de la escuela, y comenzó a robar, primero para conseguir el alimento, pero entonces para mantenerse al día con los nuevos zapatillas de deportes que todos llevaban, y luego para apoyar sus hábitos (había empezado a tomar y fumar marihuana).

A menudo, ocultando las lágrimas, porque "los hombres no lloran," añoró tener una familia. Sintió la necesidad de ser amado y respetado y para pertenecer a alguien o a algo. Y, entonces, la oportunidad se presentó. Fue reclutado a una pandilla. Todo lo que tuvo que hacer para la iniciación "familiar" fue tomar parte en una violación por parte de toda la pandilla de una chica retardada de doce años, y él tuvo que ser el primero. Para Kareem, el crimen violento pronto llegó a ser un estilo de vida aceptable y esperado. En junio de 2006, a los 17 años, Kareem fue condenado por violación y homicidio involuntario y fue sentenciado a diez años en la prisión. ¡Y todo lo que él siempre había deseado era tener una familia amorosa!

— *Linda Gourdine-Hunt*

*(La historia de Kareem es basada en el perfil, demasiado verdadero, de muchos de los jóvenes en peligro y miembros de pandillas, los cuales he aconsejado).*

# SE BUSCA EN EL REINO DE DIOS:
## PERSONAS DISPUESTAS PARA MINISTRAR A LOS PANDILLEROS

# PUESTOS VACANTES

# MINISTROS PARA LA PRISIÓN

La habilidad de hablar otro idioma será ventajosa. Debe poseer una comprensión de la dinámica familiar, un conocimiento de programas de alcance de la comunidad y ser un guerrero intercesor de oración.

Puestos en toda localidad.

Pago espiritual excelente con beneficios eternos

Llame al: S-E-Ñ-O-R--M-Á-N-D-A-M-E

* El Reino del Señor Jesucristo no discrimina a ninguna persona por razones de raza, religión, origen nacional o étnico, color, o sexo.

## ⇐ 5 ⇒

# SE BUSCA:

## PERSONAS DISPUESTAS PARA MINISTRAR A LOS ENCARCELADOS

*Acordaos de los presos, como si estuvierais presos junta-
mente con ellos; y de los maltratados, como si vosotros
estuvierais en su mismo cuerpo.*     Hebreos 13:3

*Y yo, cuando sea levantado de la tierra, a todos atraeré
a mí mismo.*     Juan 12:32

Subiendo y bajando las colinas, sigue nuestro Señor,
hasta que, por último, llega en la periferia del campo.
Allí hay una penitenciaría federal llena de varones y de
mujeres. Sus rostros llenas de la desesperación se presio-
nan con fuerza contra los barrotes. Desesperadamente
necesitan recibir una carta, una visita o una llamada. Para

ellos, les parece que la esperanza ha abordado una nave espacial y tomado un vuelo hacia la infinidad.

## Bajo llave

El tiempo pasa tenso en este lugar de consecuencias,
Así que, mantenga su espalda al cerco.
Y, cuando lanzan en contra, no hagas una mueca de dolor.
Tenemos violaciones y asesinatos, y la locura crece.
¿Cómo puede ser esto una "corrección," cuándo se quita el sano juicio de uno?
Algunos luchan con resistencia fuerte, mientras adentro en silencio lloran.
Algunos, débiles, llegan a ser sodomitas, para dar y recibir.
No hay honor entre los ladrones,
Ningún amor entre los criminales.
La libertad es un estado de ánimo,
Mientras que la tranquilidad es subliminal.
Los disturbios violentos carceleros quitan las vidas con cuchillos improvisados.
Los tiempos duros creen mentes duras y corazones ásperos aquí adentro.
Los guardias son más corruptos que los presos enjaulados.
El aire es pesado con la peste de la rabia del preso.
Llegan menos las cartas, y las llamadas telefónicas están bloqueadas.
Las visitas dejan de ser, haciéndolo más difícil quedarse así encerrado.

Las lágrimas y las oraciones comienzan al fin del día,
Para las víctimas de las infracciones cometidas por
prisioneros enloquecidos.

La libertad condicional se solicita en el silencio de las
oraciones de los hombres.

Los egos menguan el dolor en los corazones de varones
tan cargados.

¡Demasiado difícil es mostrar la emoción, demasiado
duro expresar sentimientos!

¡Demasiado herido para soltar los cicatrices y permitir
que se sanan!

¡Demasiado culpable para decir "lo siento" o aun dis-
culparse!

¡Demasiado débil para tener la fuerza para soltar los
gritos interiores!

No hay apoyo de afuera para aliviar el dolor, para
enfrentar la realidad.

Algunos nos moriremos a mano de los hombres, otros
por la falta de esperanza.          — Tareak Johnson

# SE BUSCA EN EL REINO DE DIOS:

## PERSONAS DISPUESTAS PARA MINISTRAR A LOS ENCARCELADOS

# PUESTOS VACANTES
# MINISTROS PARA
# LOS ENFERMOS Y
# LOS QUE NO
# PUEDEN SALIR

Dispuestos a alimentar, cuidar y
ministrar a los enfermos, los
encerrados y los ancianos.

Pago espiritual excelente
con beneficios eternos

Llame al: S-E-Ñ-O-R--M-Á-N-D-A-M-E

\* El Reino del Señor Jesucristo no discrimina a ninguna
persona por razones de raza, religión, origen nacional o
étnico, color, o sexo.

## ~ 6 ~

# SE BUSCA:

## Personas dispuestas

## para ministrar a

## los enfermos y necesitados

*¿Está alguno entre vosotros afligido? ... ¿Está alguno enfermo entre vosotros? Llame a los ancianos de la iglesia para que oren por él, ungiéndolo con aceite en el nombre del Señor. Y la oración de fe salvará al enfermo, y el Señor lo levantará; y si ha cometido pecados, le serán perdonados.* Santiago 5:13-15

Un hospital metropolitano muy ocupado se ubica arriba en el extremo oriental del campo. La sala de emergencias está completamente llena, y en un cuarto tras otro y un piso sobre otro, toda clase de enfermedad se deja ver. Los pacientes están en dolor, gente está

**39**

llorando, y aun se mueren. Viendo todo esto, Jesús se mueve con compasión por ellos.

## ¿Dónde Están?

*¿Dónde están? ¿Dónde están? ¿Dónde están, ustedes, los que se llaman cristianos? Parece que he estado enfermo demasiado tiempo.*

*Empezaron muy bien, visitándome. Mas, luego, me visitaron cada vez menos, hasta que ya no me visitan. ¿Dónde están? ¿Dónde están?*

*¿Ustedes, los que llevan Su nombre, por qué no vienen y oraran conmigo? ¿Por favor, pueden pasar para averiguar acerca de mis hijos, mi mamá, mi perito? Ellos necesitan algunos comestibles de la tienda. ¿Dónde están? ¿Dónde están? ¡Tengo miedo! ¿Señor, dónde está mi ayuda?*

*Debo ir al baño, pero no puedo levantarme. ¡Señor, por favor, ayúdame!*
*¿Puede venir alguien, por favor, para cantar una canción para aliviar mi dolor, o refrescar mi frente? ¿Dónde están? ¿Dónde están?*

*Haría tanto bien a mi espíritu recibir una llamada, una tarjeta postal, una visita. ¡Necesito oír la Palabra! ¿Vendrá alguien—cualquiera—para leerme la Palabra de Dios? ¿Será esto que me pasa lo que significa la frase "ojos que no ven, corazón que no siente"?*

*Mi tiempo pronto se acaba, y necesito que me ayuden hacer la transición a la Gloria. ¿Dónde están?*

*Ah, sí, sé donde están:*

*trabajando, haciendo compras, asistiendo una reunión de oración, participando en un almuerzo con otros creyentes, dando un paseo en caballo, mirando la televisión, visitando un salón de belleza.*

*Ya llegó la hora.*
*Los ángeles celestiales están aquí.*
*Les perdono.* — Linda Gourdine-Hunt

# SE BUSCA EN EL REINO DE DIOS:

## PERSONAS DISPUESTAS PARA MINISTRAR A LOS ENFERMOS Y NECESITADOS

# PUESTOS VACANTES

# CONSEJEROS PARA PASTORES

Los requisitos: Haber recibido el Señor Jesucristo como su Salvador personal. Tener un conocimiento de la Palabra de Dios, con excelentes habilidades de comunicación, y una certificación en la conserjería cristiana.

Puestos en toda localidad.

Pago espiritual excelente
con beneficios eternos

Llame al: S-E-Ñ-O-R--M-Á-N-D-A-M-E

\* El Reino del Señor Jesucristo no discrimina a ninguna persona por razones de raza, religión, origen nacional o étnico, color, o sexo.

— 7 —

# SE BUSCA:

## PERSONAS DISPUESTAS PARA MINISTRAR A LOS PASTORES HERIDOS

*En los muchos consejeros está la victoria.*

Proverbios 24:6

Pasando una curva, entre dos colinas se ve una iglesia con su torre. Una mirada rápida sugiere que todo está bien con ella, mas, al examinarla de cerca, el Señor Jesús localiza por adentro un pastor alcohólico. Está encadenado por la vergüenza y la depresión. Se puede ver que el hombre también tiene sus problemas muy severos, mas, piensa él que no tiene a quien acudir, ni a donde irse para buscar ayuda. Después de todo, los miembros de su congregación, sin duda, no le entenderían.

43

## *Estoy tan avergonzado*

*¡Oh, Dios mío! ¡Estoy tan avergonzado! ¿Cómo me sucedió todo esto? ¿Cómo puedo ser tan débil? La unción me está abandonando. ¡No! ¡Ya se ha ido! Aquellos que me confiaron ahora me están denigrando. Soy una vergüenza, una burla. ¡Ayúdeme!*

*¿Cómo les puedo avisar que ya no quiero hacer este ministerio? Mi carne es tan débil, y estoy tan solo. La botella es mi único amigo. Señor, estoy tan cansado. Hubiera deseado tener un cónyuge, alguien con quien compartir la carga del ministerio.*

*¿Señor, Te quiero, pero por qué mí? Las cuentas del ministerio están atrasadas, y soy ahora un hazmerreír. ¿Cómo puedo atender a Tu pueblo mientras que estoy en tanto dolor yo mismo? Soy nada más que un alcohólico, y vivo con en el temor constante de que me descubran.*

*Ya es tiempo para el púlpito. Ya voy, otro domingo por la mañana, yo con mi compañero, una botella de Johnny Walker, ya estamos preparándonos. Tengo que animar a la gente.*

*¿Empecé bien, no cierto? Realmente quise complacerte, Dios, pero no comprendí que sería tan difícil.*

*Entonces, me sobrecogió todo. Después de que bautizo a este bebé, oro para la Sra. Narvaez, y siervo la santa cena, vuelvo a mi lugar privado, yo y Johnny. Apenas puedo esperar. Hablaré con Johnny, y todo estará bien. ¿O de lo contrario?*

— Linda Gourdine-Hunt

*(Este perfil está basado en casos verdaderos, de los cuales estoy enterada.)*

# SE BUSCA EN EL REINO DE DIOS:

## PERSONAS DISPUESTAS PARA MINISTRAR A LOS PASTORES HERIDOS

# PUESTOS VACANTES

# MISIONEROS

En todos las áreas del ministerio,
empleo de inmediato
dentro y fuera del país

Pago espiritual excelente con
beneficios eternos

Llame al: S-E-Ñ-O-R--M-Á-N-D-A-M-E

* El Reino del Señor Jesucristo no discrimina a ninguna persona por razones de raza, religión, origen nacional o étnico, color, o sexo.

## ❧ 8 ❧

# SE BUSCA:

# PERSONAS DISPUESTAS PARA HACER LA OBRA MISIONERA

*Porque tuve hambre y me disteis de comer; tuve sed y me disteis de beber; fui forastero y me recogisteis; estuve desnudo y me vestisteis; enfermo y me visitasteis; en la cárcel y fuisteis a verme.*  Mateo 25:35-36

Durante visitas a Haití y África, llegué a ser muy consciente y agradecida por la obra de los misioneros en todas partes del mundo. Es una realidad cruda que en muchos países subdesarrollados las condiciones de vida son extremadamente bajas. Muchas personas en esas naciones sufren de hambre, tienen que existir en viviendas deficientes, y como consecuencia, enfrentan problemas graves de salud. A menudo, el agua que beben está contaminada, y hay poco o nada de instalaciones sanitarias, electricidad u hospitales. La educación es de calidad inferior en tantos lugares que muchos llegan a ser adultos siendo analfabetos. En tales condiciones, el espíritu humano está en peligro.

En África, tuve la experiencia de ver a niños sentados sobre montones de basura, aparentemente no tomando en cuenta las muchas moscas y otros insectos arrastrándose sobre sus rostros, mientras sus madres buscaron la comida en el montón de basura dejada por los camiones. Tales condiciones conmueven el corazón de nuestro Dios, y Él, a Su vez, nos llama a hacer todo lo posible para traer el cambio en donde se requiere.

Cada uno de nosotros puede, a su manera, convertirse en un misionero, mas los misioneros a las naciones remotas del mundo se enfrentan con desafíos especiales.

## La belleza ocultada

*Busqué al Señor con todo mi corazón y toda mi alma:*
*¿"A quién me envías"?*

*Vestida en una falda azul hecha pedazos y una blusa sucia, ella se inclinó cerca de la puerta de la casa misionera.*

*Comiendo su pan de mañana, mientras miraba a los niños jugando, contestaba a los que le miraban con ojos fijos, saludando con su mano.*

*Sus ojos fueron llenos de una tristeza que yo realmente no podía explicar,*

*mas, de algún modo, supe que ella había visto tanto dolor.*
*Sus pies callosos gritaban historias de viajes arduos, de un viaje en el cual su vida había llegado a desplegarse.*

*A veces estaba burlada, a veces molestada, a menudo dejada sola, harapienta y sin estima alguna.*
*Con anhelo, miraba fijamente a otras mujeres con trenzas largas, mientras no dejaba de rasgar su pelo propio, que necesitaba cuidado en gran manera.*

*Y, entonces, supe a quien el Señor me había enviado, porque por debajo de su exterior descuidado había una belleza oculta.*

*Con una mezcla de amor, habilidad y compasión, una mujer de Dios buscó a los encargados de la obra para comenzar a tomar medidas.*
*El tiempo había venido, y los arreglos fueron hechos,*
*para embellecer a esta mujer y poner una sonrisa en su cara.*

*Una doncella ofreció felizmente lavar, ungir y hacer trenzas a su pelo desordenado.*
*Tendría que esperar hasta el día siguiente para ver que apariencia tuvo por debajo.*
*Juntos hojeamos por imágenes en una revista, mientras esperábamos la transformación en reina de la belleza.*

*Dos jóvenes doncellas tejaron extensiones en un hermoso estilo de trenzas.*

*Y, en sólo unas horas, pudimos ver que todo valía la pena*

*Porque cuando ya habían terminado con el pelo, todos nos reunimos alrededor y continuamos mirándola con admiración.*

*La entregué un espejo, y ella, asombrada, miraba con incredulidad, y con lagrimas expreso su gratitud a Dios en su idioma nativo, el portugués.*

*Sonriendo brillantemente como el sol de mediodía, Empezó a hacer poses para ser fotografiada con todos.*

*Durante mi último día, mientras me preparaba para salir, se paró la reina cerca de la puerta en gloria resplandeciente.*

*"Thank you very much," pronunció en inglés, Y lo hizo con un verdadero corazón de gratitud, presenciado por mí y por otros.*

*El corazón mío también fue lleno de alegría, puesto que la misión se había cumplido.*

*A veces el Señor Jesús nos envía a los muchos.*

*En otras ocasiones, a una sola.*

— Linda Gourdine-Hunt

# SE BUSCA EN EL REINO DE DIOS:

## PERSONAS DISPUESTAS PARA HACER LA OBRA MISIONERA

# ¡SE BUSCA!

## OBREROS DEL CAMPO

Sus obligaciones (incluyendo pero no limitadas a): La predicación del Evangelio, la expulsión de demonios, imponer las manos sobre los enfermos, alimentar a los hambrientos, proveer vestidura para los desnudos, proporcionar techos para los que falten, confortar a los que lloran, abrazar a alguien, dar la mano, saludar, sonreír, alcanzar, hablar una palabra de aliento. ¡Hacer una diferencia!

\* El Reino del Señor Jesucristo no discrimina a ninguna persona por razones de raza, religión, origen nacional o étnico, color, o sexo.

## ⁓ 9 ⁓

# SE HACE LA LLAMADA

*Recorría Jesús todas las ciudades y aldeas, enseñando
en las sinagogas de ellos, predicando el evangelio del
reino y sanando toda enfermedad y toda dolencia en el
pueblo. Al ver las multitudes tuvo compasión de ellas,
porque estaban desamparadas y dispersas como ovejas
que no tienen pastor. Entonces dijo a sus discípulos:
"A la verdad la mies es mucha, pero los obreros pocos.
Rogad, pues, al Señor de la mies, que envíe obreros a
su mies".* Mateo 9:35-38

En todas partes por donde Jesús anda encuentra a Su
pueblo adolorido y sufrido. Él tiene compasión de ellos,
porque están acosados, penados, desanimados e impo-
tentes, como ovejas sin pastor.

Entonces, en Su camino vuelto a la gloria, toma la de-
cisión de propagar una llamada urgente a los que están
llamados por Su nombre, y la llamada es tal como se ve
en el cartel de la página anterior.

¿A quién llama nuestro Señor? Si usted es uno de los Suyos, entonces está incluido en esta llamada. Escucha Su voz hoy.

Y, por favor, contesta la llamada.

# SE BUSCA EN EL REINO DE DIOS:

## Personas dispuestas a ser las manos, los pies y la boca de nuestro Señor Jesucristo, para demostrar Su amor a un mundo lastimado

# La segunda parte

# Contestando
# la llamada

# 10

# ¿Todavía no sabes lo que tu puedes hacer?

*Haz a otros las cosas que quieres que a ti te hagan.*
La regla de oro

*Cómo Dios ungió con el Espíritu Santo y con poder a Jesús de Nazaret, y cómo este anduvo haciendo bienes y sanando a todos los oprimidos por el diablo, porque Dios estaba con él.* Hechos 10:38

Si todavía no sabes exactamente lo qué puedes hacer en el Reino de Dios, siguen algunas sugerencias:

## Para ti mismo
- Reírte
- Reservar un poco de tiempo de serenidad para ti mismo
- Inscribirte en clases en un área de interés o necesidad

- Aprender un nuevo oficio
- Tomarte tiempo para disfrutar de la naturaleza
- Tomarte tiempo para descansar adecuadamente
- Aprender otro idioma
- Ser amigo a los demás
- Ser pacificador
- Ser perdonador
- Ser alentador
- Estar entusiasmado con el Evangelio de Jesucristo
- Ser amable
- Ser empleado excelente
- Ser empleador excelente
- Hacerte chequeos regulares de la salud, del estado de tu dentadura, y de tus ojos
- Fomentar buenas amistades y relaciones
- Reconocerles a los que te hacen bien

## EN LA IGLESIA

- Aconsejar a otros
- Unirte a un ministerio en la iglesia local
- Participar activamente en el apoyo de algún ministerio
- Vender o promover productos del mercado cristiano
- Diseñar una página cristiana para el Internet
- Visitar a los enfermos
- Iniciar un grupo para las madres jóvenes
- Iniciar un club de lectura
- Participar en los artes creativos
- Donar ropa usada (en buenas condiciones) para ayudar a otros
- Enseñar en la escuela dominical
- Servir de mentor a un niño
- Ofrecer becas a los jóvenes que las merecen

## EN EL HOGAR

• Celebrar ocasiones especiales

• Jugar y divertirte

• Limpiar el jardín

• Formular un plan de actividades recreativas

• Aprender a reciclar

• Diariamente expresar gratitud y agradecimiento a los demás miembros de la familia

• Pasar tiempo de calidad con tu familia

• Administrar tus finanzas con sabiduría

• Ayudar con las tareas del hogar

• Ayudar con el cuidado de las mascotas de la familia

• Organizar una reunión familiar

• Plantar flores y procurar embellecer tus alrededores

## EN LA COMUNIDAD

• Ser entrenador de un equipo de deportes

• Cantar en programas comunitarios

• Unirte a una organización comunitaria

• Ayudar a limpiar y embellecer tu comunidad

• Abogar para obtener los servicios dentro de tu comunidad

• Hacer trabajos voluntarios en un hospital u otra agencia de servicio público

• Hacer una caminata para la curación de una enfermedad

• Donar tu ropa usada (en buenas condiciones) a los menos afortunados

• Recolectar y distribuir alimentos a los necesitados

• Visitar un asilo de ancianos

- Plantar un jardín
- Enseñarle a un niño a leer
- Compartir tu testimonio
- Socorrer a un niño necesitado
- Ofrecer talleres o clases sobre temas de interés
- Iniciar un grupo de apoyo para los que tienen problemas de adición
- Redactar artículos para una publicación local
- Pararte contra las enseñanzas contrarias a la santa Palabra de Dios, como el aborto provocado y el matrimonio con el mismo sexo
- Cuidar los niños de un vecino
- Hacer las compras para alguien
- Preparar una comida para alguien
- Ofrecer llevar a alguien en tu caro
- Extender la hospitalidad a alguien necesitado
- Coser para alguien
- Preparar una torta para alguien
- Cultivar un huerto para alguien
- Pintar para alguien
- Dibujar o pintar un cuadro para alguien
- Llevarle a alguien al cine
- Enviarle a alguien una tarjeta de saludos
- Contratar a alguien que necesita empleo
- Contarle a alguien las buenas nuevas del Evangelio
- Utilizar tus dones y talentos en el servicio de los demás y, de esta manera, extender el Reino de Dios

* El Reino del Señor Jesucristo no discrimina a ninguna persona por razones de raza, religión, origen nacional o étnico, color, o sexo.

⬥ 11 ⬥

# PREPARACIÓN PARA EL SERVICIO

*Nosotros persistiremos en la oración y en el ministerio de la Palabra.*                                        Hechos 6:4

Si has sentido el llamado de Dios en tu vida para servirle en cualquier capacidad, entonces el siguiente paso que tienes que tomar es prepararte para ese servicio. A continuación siguen algunas escrituras que pueden ayudarte a hacerlo.

## PREPARACIÓN POR MEDIO DE LA ORACIÓN

*¡Bendito sea Dios,*
   *que no echó de sí mi oración*
   *ni de mí su misericordia!*                                        Salmo 66:20

*Y todo lo que pidáis en oración, creyendo, lo recibiréis.*                                        Mateo 21:22

*Gozosos en la esperanza, sufridos en la tribulación, constantes en la oración.* Romanos 12:12

*Exhorto ante todo, a que se hagan rogativas, oraciones, peticiones y acciones de gracias por todos los hombres.* 1 Timoteo 2:1

*El fin de todas las cosas se acerca; sed, pues, sobrios y velad en oración.* 1 Pedro 4:7

*Perseverad en la oración, velando en ella con acción de gracias.* Colosenses 4:2

## PREPARACIÓN POR MEDIO DEL AYUNO

*Cuando ayunéis, no pongáis cara triste, como los hipócritas que desfiguran sus rostros para mostrar a los hombres que ayunan; de cierto os digo que ya tienen su recompensa.* Mateo 6:16

## PREPARACIÓN POR MEDIO DEL ESTUDIO DE LA PALABRA DE DIOS

*Procura con diligencia presentarte a Dios aprobado, como obrero que no tiene de qué avergonzarse, que usa bien la palabra de verdad.* 2 Timoteo 2:15

*Si, pues, habéis resucitado con Cristo, buscad las cosas de arriba, donde está Cristo sentado a la diestra de Dios.* Colosenses 3:1

*Entonces respondiendo Jesús, les dijo: Erráis, ignorando las Escrituras y el poder de Dios.* Mateo 22:29

*Escudriñad las Escrituras, porque a vosotros os parece que en ellas tenéis la vida eterna, y ellas son las que dan testimonio de mí.* Juan 5:39

*Toda la Escritura es inspirada por Dios y útil para enseñar, para redarguir, para corregir, para instruir en justicia, a fin de que el hombre de Dios sea perfecto, enteramente preparado para toda buena obra.*

2 Timoteo 3:16-17

## PREPARACIÓN POR MEDIO DE LA MEDITACIÓN EN LA PALABRA

*¡Cuánto amo yo tu Ley!*
*¡Todo el día es ella mi meditación!* Salmo 119:97

*En tus mandamientos meditaré;*
*consideraré tus caminos.* Salmo 119:15

*Nunca se apartará de tu boca este libro de la Ley, sino que de día y de noche meditarás en él, para que guardes y hagas conforme a todo lo que está escrito en él, porque entonces harás prosperar tu camino y todo te saldrá bien.* Josué 1:8

*Alzaré asimismo mis manos a tus mandamientos que amo y meditaré en tus estatutos.* Salmo 119:48

*Por lo demás, hermanos, todo lo que es verdadero, todo lo honesto, todo lo justo, todo lo puro, todo lo amable, todo lo que es de buen nombre; si hay virtud alguna, si algo digno de alabanza, en esto pensad.*

Filipenses 4:8

## PREPARACIÓN POR MEDIO DE
### ASISTIR CULTOS UNGIDOS

*No dejando de congregarnos, como algunos tienen por costumbre, sino exhortándonos; y tanto más, cuanto veis que aquel día se acerca.*

Hebreos 10:25

*De quien todo el cuerpo, bien concertado y unido entre sí por todas las coyunturas que se ayudan mutuamente, según la actividad propia de cada miembro, recibe su crecimiento para ir edificándose en amor.*

Efesios 4:16

## PREPARACIÓN POR MEDIO DE
### DAR DE TUS RECURSOS

*Honra a Jehová con tus bienes
y con las primicias de todos tus frutos.*

Proverbios 3:9

*Cada uno dé como propuso en su corazón: no con tristeza ni por obligación, porque Dios ama al dador alegre.*

2 Corintios 9:7

## PREPARACIÓN POR MEDIO DE UN EXAMEN FÍSICO REGULAR

*Amado, yo deseo que tú seas prosperado en todas las cosas y que tengas salud, así como prospera tu alma.*

3 Juan 1:2

*Respondiendo Jesús, les dijo: Los que están sanos no tienen necesidad de médico, sino los enfermos.*

Lucas 5:31

*Mas para vosotros, los que teméis mi nombre,*
*nacerá el sol de justicia*
*y en sus alas traerá salvación.*
*Saldréis y saltaréis como becerros de la manada.*

Malaquías 4:2

*¿O ignoráis que vuestro cuerpo es templo del Espíritu Santo, el cual está en vosotros, el cual habéis recibido de Dios, y que no sois vuestros? pues habéis sido comprados por precio; glorificad, pues, a Dios en vuestro cuerpo y en vuestro espíritu, los cuales son de Dios.*

1 Corintios 6:19-20

## PREPARACIÓN POR MEDIO DE LA ALIMENTACIÓN ADECUADA

*Después dijo Dios: "Mirad, os he dado toda planta que da semilla, que está sobre toda la tierra, así como todo*

*árbol en que hay fruto y da semilla. De todo esto podréis
comer.* Génesis 1:29

*Cuando te sientes a comercon algún señor,
considera bien lo que está delante de ti.*
Proverbios 23:1

*Cuando comas el trabajo de tus manos,
bienaventurado serás y te irá bien.* Salmo 128:2

## PREPARACIÓN POR MEDIO DEL HACER BUEN EJERCICIO

*Por lo tanto, hermanos, os ruego por las misericor-
dias de Dios que presentéis vuestros cuerpos como
sacrificio vivo, santo, agradable a Dios, que es vuestro verdadero culto.* Romanos 12:1

*Por tanto, procuramos también, o ausentes o presen-
tes, serle agradables.* 2 Corintios 5:9

*Así que, hermanos míos amados, estad firmes y
constantes, creciendo en la obra del Señor siempre,
sabiendo que vuestro trabajo en el Señor no es en
vano.* 1 Corintios 15:58

*Para esto también trabajo, luchando según la fuerza
de él, la cual actúa poderosamente en mí.*
Colosenses 1:29

# PREPARACIÓN POR MEDIO DEL DESCANSO ADECUADO

*Guarda silencio ante Jehová y espera en él.*

Salmo 37:7

*Procuremos, pues, entrar en aquel reposo, para que ninguno caiga en semejante ejemplo de desobediencia.*

Hebreos 4:11

*Por tanto, queda un reposo para el pueblo de Dios.*

Hebreos 4:9

*Venid a mí todos los que estáis trabajados y cargados, y yo os haré descansar. Llevad mi yugo sobre vosotros y aprended de mí, que soy manso y humilde de corazón, y hallaréis descanso para vuestras almas.*

Mateo 11:28-29

# PREPARACIÓN POR MEDIO DEL DESARROLLO CONTINUO DE NUEVAS HABILIDADES

*Y perseveraban en la doctrina de los apóstoles, en la comunión unos con otros, en el partimiento del pan y en las oraciones.*

Hechos 2:42

*Así que, hermanos míos amados, estad firmes y constantes, creciendo en la obra del Señor siempre, sabiendo que vuestro trabajo en el Señor no es en vano.*

1 Corintios 15:58

*Por esto mismo, poned toda diligencia en añadir a vuestra fe virtud; a la virtud, conocimiento; al conocimiento, dominio propio; al dominio propio, paciencia; a la paciencia, piedad; a la piedad, afecto fraternal; y al afecto fraternal, amor. Si tenéis estas cosas y abundan en vosotros, no os dejarán estar ociosos ni sin fruto en cuanto al conocimiento de nuestro Señor Jesucristo.*  2 Pedro 1:5-8

*Buscad primeramente el reino de Dios y su justicia, y todas estas cosas os serán añadidas.*  Mateo 6:33

*Por lo cual, hermanos, tanto más procurad hacer firme vuestra vocación y elección, porque haciendo estas cosas, jamás caeréis.*  2 Pedro 1:10

A medida de que sigues fiel a prepararte para el servicio, la llamada de Dios se hará más claro para ti, y serás más fructífero para el Reino de Dios.

* El Reino del Señor Jesucristo no discrimina a ninguna persona por razones de raza, religión, origen nacional o étnico, color, o sexo.

## ⚄ 12 ⚄

# LO QUE ANHELA VER
# LA JUVENTUD DE HOY

*Donde no hay visión, el pueblo se extravía.*

Proverbios 29:18, NVI

Les pedí a un grupo de jóvenes indicarme lo que ellos pensaban que se necesitaba en el Reino de Dios hoy en día. Aquí están algunas de las respuestas más interesantes:

- Más publicidad de los ministerios ofrecidos para la juventud
- Una mejor presentación de los jóvenes a los demás (muchas veces nos ven de una manera negativa, y necesitamos que hablan cosas positivas acerca de nosotros)
- Usar formas más creativas para enseñar la Palabra de Dios, como el drama

- Más actividades divertidas para los jóvenes de la iglesia, como los bolos y el hacer excursiones
- Más acceso a hombres santos de Dios, para que nos ayuden a tomar decisiones más acertadas

Una joven respondió: "Como madre adolescente, quería ir a la iglesia, pero cada vez que iba, me hacían sentir avergonzada por lo que había hecho. Las madres adolescentes necesitan una iglesia que pueden asistir, y sentirse amadas y recibir ayuda, a pesar de que hayan fracasado en su vida personal".

*Deja que el clamor del corazón de estos jóvenes te habla hoy.*
                                        Linda Gourdine-Hunt

\* El Reino del Señor Jesucristo no discrimina a ninguna persona por razones de raza, religión, origen nacional o étnico, color, o sexo.

# Otros comparten

*Además, el cuerpo no es un solo miembro, sino muchos.*

1 Corintios 12:14

Pedí a otros amigos y miembros de la familia que comparten sus pensamientos aquí, y algunos respondieron. Aquí está el resultado:

## *Se necesitan*

*Se necesitan: Padres que están ansiosos para aprender y experimentar el amor de nuestro Padre celestial y desarrollar una relación personal con Él, dispuestos a abrir sus mentes y corazones para aceptar y aplicar la sabiduría de las edades a sus vidas y las vidas de sus hijos.*

*Se necesitan: Padres que son educables y, por lo tanto, abiertos a aprender.*

*Se necesitan: Padres que comprenden que ellos, como todos los pueblos del mundo, son creados maravillosamente para el placer de Dios, y que sienten verdaderamente realizados al ser ejemplos del respeto, la bondad, la justicia y el amor.*

*Se necesitan: Padres que, por su ejemplo, enseñarán y pasarán a sus hijos el poder de la Palabra de Dios y de la oración.*

*Se necesitan: Padres que no estén tan ocupados que se olvidan detenerse, pararse y meditar en la soberanía impresionante de Él que formó la tierra, cubrió el cielo con estrellas, colocó en su lugar mares y océanos, embelleció las llanuras y los valles con flores y animales, talló montañas majestuosas, y mezcló los colores perfectos para los árboles de los bosques, para refrescar nuestros espíritus y servir como un recordatorio constante para venerarle y alabarle.*

*Se necesitan: Padres que enseñarán a sus hijos, los cuales, en su tiempo, enseñarán a los suyos, y así continuará.*                    — Katherine McIver

## ¡Se busca varones!

*Para nosotros, los que nos llamamos "hombres", esforcémonos para estar presentes en nuestras familias desde el comienzo hasta el fin.*
*Profesamos amar a nuestros hijos, a quienes ayudamos a procrear,*

*así que, cuando viene a nuestra responsabilidad, no
nos desviemos.*

*Nos jactamos de ser la cabeza de nuestros hogares,
mas, con demasiada frecuencia nuestras mujeres deben
recoger los pedazos de la vida que dejamos,
porque nos hicimos débiles y nos rendimos.
Al considerar la iglesia y su líderes, debemos decir la
verdad: Las mujeres llevan la antorcha.*

*¿Entonces, dónde están ustedes, varones valientes? me
atrevo a preguntar.
Pasen adelante. Tomen el paso inicial y acepten la
tarea.
Porque Dios nos ha diseñado para tomar el timón.
Busquémosle a Él primero, para no quedar agobiados.*

*Al desarrollar nuestra masculinidad, nos esforzamos,
haciendo los músculos,
mas, cuando la fuerza realmente importa, miremos a
Dios para ayudarnos a pasar por la lucha.*

*Rompamos las barreras. Pongamos a un lado nuestro
machismo.
¡Dios está llamando a los varones a trabajar en los
campos!* — Steve Hunt

## *¿Por qué?*

*Dios, en Su gracia, ha permitido a nosotros, los mayo-
res, vivir la promesa, mas somos abandonados a veces
y oprimidos por muchos.*

*Decimos que amamos a Dios, a quien nunca hemos visto, pero a la vez desechamos a nuestros hermanos y hermanas con quienes vivimos diariamente.*

*Soy una mujer de ochenta años y medio, a quien Dios ha bendecido verdaderamente, y soy también una viuda.*

*Cuando éramos más jóvenes, estuvimos en posición de cruzar el puente al presente. En los ojos del Padre, me siento amada de una manera especial, porque Su Palabra dice,* "A ninguna viuda ni huérfano afligiréis, porque si tú llegas a afligirlos, y ellos claman a mí, ciertamente oiré yo su clamor" *(Éxodo 22:22-23)*

*En Juan 13:34, Dios ha dicho,* "Un mandamiento nuevo os doy: Que os améis unos a otros; como yo os he amado, que también os améis unos a otros."

*Nosotros, los ancianos y las viudas, no deseamos ser una carga para nadie, mas sí deseamos ser parte del Cuerpo.*

*Este mensaje no es para juzgar ni criticar, sino solamente para despertar el Cuerpo para que sea obediente a la Palabra de Dios, que dice:* "Hasta que todos lleguemos a la unidad de la fe y del conocimiento del Hijo de Dios, al hombre perfecto, a la medida de la estatura de la plenitud de Cristo" *(Efesios 4:13).*

*Espero y oro que este mensaje nos ayudará a responder y unirnos uno al otro en el llamado que nuestro Padre ha puesto sobre nosotros.*

*Hagamos todo para complacer nuestro Padre. No se trata de nosotros, sino todo es para Él.* — Anónimo

## *Quiten los límites*

¡Auxilio! ¡Auxilio! ¡Auxilio! Ayúdenos, no sólo para pasar al otro lado de la calle, sino también para llegar al trono, donde Jesús esta sentado.

¿Por qué discriminan las personas? ¿Por qué piensan la gente a cerca de nosotros, los ciegos o los que tenemos la visión impedida, que Dios nos ha olvidado? ¿Por qué no se dan cuenta de que Él está manifestando Su gloria a través de nosotros? Si el Señor nos ha permitido atravesar todo esto, debe significar que nos ha equipado para manejarlo.

En la iglesia, nos animen a orar y buscar al Señor para el ministerio en el cual Él desea utilizarnos, mas, cuando nos ofrecemos para el ministerio a los niños o el ministerio en la calle, a nosotros, los ciegos e impedidos de visión, nos juzgan por el estado de nuestros ojos físicos, ignorando nuestros ojos espirituales. De este modo colocan límites sobre nosotros. Cuando alguien lo hace, no se da cuenta de que está poniendo límites a Dios. ¿Acaso Dios no puede? Si Él nos da una tarea significa que nos ha ungido para servir con excelencia.

Recuerde, no hay oscuridad en Jesús. Él puede ver muy bien, y Él no está confundido en cuanto a Su visión para Su Reino. Hechos 10:34 nos muestra que Dios no hace ninguna discriminación entre personas. Él también ha dicho que todos los cristianos son iguales en Sus ojos, y no se olvide lo que dijo en Colosenses 3:25. Él juzgará a los que cometen la discriminación.

Entonces, por favor, quitan los límites de Dios.

— *Tonya Hunt*

## Se busca: Cristianos misericordiosos

Los cristianos son salvos por la gracia, una gracia proporcionada a los que no la merecen. *"Porque por gracia sois salvos por medio de la fe; y esto no de vosotros, pues es don de Dios. No por obras, para que nadie se gloríe"* (Efesios 2:8-9). Somos compañeros todos en la casa de Dios, y como miembros de la familia de Dios, somos obligados a perdonar y mostrar misericordia a otros. Efesios 4:32 nos dice: *"Antes sed bondadosos unos con otros, misericordiosos, perdonándoos unos a otros, como Dios también os perdonó a vosotros en Cristo".*

Con demasiada frecuencia encontramos a "cristianos" que se han endurecido por medio de las dificultades de su pasado y las experiencias actuales, mas la gracia de Dios es suficiente. Como embajadores de Cristo, nosotros debemos mantener mirada en las cosas de arriaba, y no mirar lo que está en la tierra. Los conflictos, la inseguridad y la preocupación pueden causar que nos perdimos de vista quienes somos en Cristo, y las preocupaciones del mundo pueden afectar nuestras relaciones dentro del Cuerpo de Cristo.

Se busca: Cristianos misericordiosos que pueden recordar que todos somos la misma hechura de Dios. *"Vestíos, pues, como escogidos de Dios, santos y amados, de entrañable misericordia, de bondad, de humildad, de mansedumbre, de paciencia. Soportaos unos a otros y perdonaos unos a otros, si alguno tiene queja contra otro. De la manera que Cristo os perdonó, así también hacedlo vosotros"*

# Otros comparten

(Colosenses 3:12-13). ¿Está dispuesto hoy a perdonar los que le han causado aflicción? ¿Contestará la llamada a la misericordia?

— Brenda Williams

\* El Reino del Señor Jesucristo no discrimina a ninguna persona por razones de raza, religión, origen nacional o étnico, color, o sexo.

# 14

# LA IMPORTANCIA DE LA ORACIÓN EN TODOS LOS MINISTERIOS

*Exhorto ante todo, a que se hagan rogativas, oraciones, peticiones y acciones de gracias por todos los hombres.* 1 Timoteo 2:1

Dado que todo ministerio emana del corazón de Dios, se debe empezar en la oración y continuar en la oración. Las escrituras sagradas nos enseñan a orar así:

## PIDE PARA LOS LÍDERES SECULARES

*Exhorto ante todo, a que se hagan rogativas, oraciones, peticiones y acciones de gracias por todos los hombres, por los reyes y por todos los que tienen autoridad, para que vivamos quieta y reposadamente en toda piedad y honestidad.*

1 Timoteo 2:1-2

## PIDE PARA LA PAZ DE JERUSALÉN

Pedid por la paz de Jerusalén;

 ¡sean prosperados los que te aman!   Salmo 122:6

## PIDE PARA NUESTROS HIJOS

Ahora pues, hijos, escuchadme:

 ¡Bienaventurados los que guardan mis caminos!

            Proverbios 8:32

¡Levántate, da voces en la noche al comenzar las vigilias!

Derrama como agua tu corazón ante la presencia del Señor;

alza a él tus manos implorando la vida de tus niñitos,

que desfallecen de hambre en las entradas de todas las

calles.         Lamentaciones 2:19

## PIDE PARA QUE HAYA CURACIONES PARA LAS ENFERMEDADES

Pero serviréis a Jehová, vuestro Dios, y él bendecirá tu pan y tus

aguas. Yo apartaré de ti toda enfermedad.   Éxodo 23:25

## PIDE QUE HAYA EMPLEO

Mi Dios, pues, suplirá todo lo que os falta conforme a sus riquezas

en gloria en Cristo Jesús.      Filipenses 4:19

## PIDE PARA PASTORES Y OTROS MINISTROS

El espíritu de Jehová, el Señor, está sobre mí,

 porque me ha ungido Jehová.

**80**

*Me ha enviado a predicar buenas noticias a los pobres,*
*a vendar a los quebrantados de corazón,*
*a publicar libertad a los cautivos*

*y a los prisioneros apertura de la cárcel.*     Isaías 61:1

## PIDE PARA LOS ENFERMOS Y NECESITADOS

*Y la oración de fe salvará al enfermo, y el Señor lo levantará; y*
*si ha cometido pecados, le serán perdonados.*     Santiago 5:15

## PIDE PARA LOS ENFERMOS MENTALES

*Porque no nos ha dado Dios espíritu de cobardía, sino de poder,*
*de amor y de dominio propio.*     2 Timoteo 1:7

## PIDE PARA QUE SE DIVULGUE
## EL EVANGELIO DE JESUCRISTO

*Y les dijo: Id por todo el mundo y predicad el evangelio a toda*
*criatura.*     Marcos 16:15

## PIDE PARA LOS AFLIGIDOS

*Bienaventurados los que lloran,*
*porque recibirán consolación.*     Mateo 5:4

## PIDE PARA LOS ADICTOS

*Estad, pues, firmes en la libertad con que Cristo nos hizo libres*
*y no estéis otra vez sujetos al yugo de esclavitud.*     Gálatas 5:1

## PIDE PARA LOS QUE ESTÁN ATADOS POR EL PECADO

*Si confesamos nuestros pecados, él es fiel y justo para perdonar nuestros pecados y limpiarnos de toda maldad.* 1 Juan 1:9

## PIDE PARA LOS MATRIMONIOS CON PROBLEMAS

*Así que no son ya más dos, sino una sola carne; por tanto, lo que Dios juntó no lo separe el hombre.* Mateo 19:6

## PIDE PARA LA SALUD DE LA ECONOMÍA

*No digo esto para que haya para otros holgura y para vosotros escasez, sino para que en este momento, con igualdad, la abundancia vuestra supla la escasez de ellos, para que también la abundancia de ellos supla la necesidad vuestra, para que haya igualdad, como está escrito: "El que recogió mucho no tuvo más y el que poco, no tuvo menos".* 2 Corintios 8:13-15

## PIDE PARA LOS AFECTADOS POR LAS CALAMIDADES DE LA NATURALEZA

*Si se humilla mi pueblo, sobre el cual mi nombre es invocado, y oran, y buscan mi rostro, y se convierten de sus malos caminos; entonces yo oiré desde los cielos, perdonaré sus pecados y sanaré su tierra.* 2 Crónicas 7:14

## PIDE PARA EL CRECIMIENTO ESPIRITUAL ENTRE LOS CREYENTES

*Por esto mismo, poned toda diligencia en añadir a vuestra fe virtud; a la virtud, conocimiento; al conocimiento, dominio propio; al dominio propio, paciencia; a la paciencia, piedad; a la piedad, afecto fraternal; y al afecto fraternal, amor. Si tenéis estas cosas y abundan en vosotros, no os dejarán estar ociosos ni sin fruto en cuanto al conocimiento de nuestro Señor Jesucristo.*  2 Pedro 1:5-8

## PIDE PARA LOS MISIONEROS EN LUGARES LEJANOS

*Y les dijo: Id por todo el mundo y predicad el evangelio a toda criatura.*  Marcos 16:15

## PIDE PARA EL USO SABIO
## DE NUESTROS RECURSOS NATURALES

*De Jehová es la tierra y su plenitud,*
*el mundo y los que en él habitan.*  Salmo 24:1

## PIDE PARA LOS QUE NO LE CONOCEN A CRISTO

*Acercaos a Dios, y él se acercará a vosotros. Pecadores, limpiad las manos; y vosotros los de doble ánimo, purificad vuestros corazones.*  James 4:8

## PIDE PARA LOS QUE ESTÁN SIN TECHO

*Pues nunca faltarán pobres en medio de la tierra; por eso yo te mando: Abrirás tu mano a tu hermano, al pobre y al menesteroso en tu tierra.*  Deuteronomio 15:11

*Este pobre clamó, y lo oyó Jehová*
*y lo libró de todas sus angustias.*  Salmo 34:6

## PIDE PARA LAS VÍCTIMAS DE LA INDUSTRIA DE LA PORNOGRAFÍA Y LA PROSTITUCIÓN DE MENORES

*Huye también de las pasiones juveniles y sigue la justicia, la fe, el amor y la paz, con los que de corazón limpio invocan al Señor.*

2 Timoteo 2:22

## PIDE PARA EL MEJORAMIENTO DE NUESTRA SISTEMA DE EDUCACIÓN

*Si se humilla mi pueblo, sobre el cual mi nombre es invocado, y oran, y buscan mi rostro, y se convierten de sus malos caminos; entonces yo oiré desde los cielos, perdonaré sus pecados y sanaré su tierra.*

2 Crónicas 7:14

Porque Jehová da la sabiduría
 y de su boca proceden el conocimiento y la inteligencia.

Proverbios 2:6

## PIDE PARA LAS MADRES SOLTERAS TAL COMO LOS PADRES SOLTEROS

*Instruye al niño en su camino,
 y ni aun de viejo se apartará de él.*

Proverbios 22:6

A medida que hace que la oración forma parte de su vida cotidiana, llegará a ser más fructífero en el Reino de Dios.

* El Reino del Señor Jesucristo no discrimina a ninguna persona por razones de raza, religión, origen nacional o étnico, color, o sexo.

# LOS APÉNDICES

# Una invitación a Cristo

*Jesús le dijo: Yo soy el camino, la verdad y la vida; nadie viene al Padre sino por mí.* Juan 14:6

Pablo escribió a los romanos:

*Si confiesas con tu boca que Jesús es el Señor y crees en tu corazón que Dios lo levantó de entre los muertos, serás salvo, porque con el corazón se cree para justicia, pero con la boca se confiesa para salvación.*
Romanos 10:9-10

A continuación se presenta cómo tu puedes recibir a Cristo como tu Señor y Salvador en este mismo momento:

1. Confiese que eres un pecador (ver Romanos 3:10).
2. Arrepiéntete del pecado (ver Hechos 17:30).
3. Cree que Jesucristo murió por ti, fue sepultado y luego resucitó de entre los muertos (ver Romanos 10:9-10).
4. Invita a Jesús a tu vida para que sea tu Salvador personal (ver Romanos 10:13).

Si no sabes como pedir a Dios la salvación, haz una oración como la siguiente:

*Querido Dios,*
*Soy un pecador. Perdona mis pecados. Creo que Jesucristo derramó su sangre preciosa y murió para salvarme*

*a mí. Ahora invito a Cristo a entrar en mi corazón y mi vida, y tomar control, como mi Salvador personal.*

Si tú has hecho esta oración, te damos la bienvenida a la familia de Dios. Eres ahora una criatura nueva en Cristo:

*De modo que si alguno está en Cristo, nueva criatura es: las cosas viejas pasaron; todas son hechas nuevas.*
2 Corintios 5:17

Ahora, pídele a Dios que te guía una iglesia donde Cristo es predicado y la Biblia (la Palabra de Dios) es la máxima y final autoridad. Sé fiel a esa iglesia para que puedas crecer en gracia y desarrollar los talentos y habilidades especiales que Dios ha puesto dentro de ti. Y no te olvidas de buscar tu lugar especial de servicio en el Reino de Dios. Él tiene algo único y emotivo que tú puedes hacer para Él.

* El Reino del Señor Jesucristo no discrimina a ninguna persona por razones de raza, religión, origen nacional o étnico, color, o sexo.

# Un Formulario de Solicitud
## para empleo
## en el Reino de Dios

Nombre: _____ Fecha: _____

¿Has aceptado al Jesucristo como tu Señor y Salvador personal? Si ❏ No ❏

¿Cual es tu motivación para el servicio?

_____

_____

_____

_____

¿A cual ministerio sientes llamado?

_____

_____

¿Cuales son tus habilidades y dones?

_____

_____

_____

Los días disponibles: _____

Las horas disponibles: _____

Su experiencia: _____

¿Estas dispuesto a darle a Dios toda la gloria por lo que hace Él por medio de ti? Si ❏ No ❏

Llame al: S-E-Ñ-O-R--M-Á-N-D-A-M-E

*Recorría Jesús todas las ciudades y aldeas, enseñando en las sinagogas de ellos, predicando el evangelio del reino y sanando toda enfermedad y toda dolencia en el pueblo. Al ver las multitudes tuvo compasión de ellas, porque estaban desamparadas y dispersas como ovejas que no tienen pastor. Entonces dijo a sus discípulos: "A la verdad la mies es mucha, pero los obreros pocos. Rogad, pues, al Señor de la mies, que envíe obreros a su mies".* Mateo 9:35-38

# Notas

# Notas

# Notas

# Notas

# DIVINE INSPIRATIONS MESSENGER

**(EL MENSAJERO DE INSPIRACIÓN DIVINA)**

## COMO PONERSE
## EN CONTACTO CON LA AUTORA

Puede ponerse en contacto con la autora de las siguientes maneras:

*Por correo:*

Linda Gourdine-Hunt
Divine Inspirations Messenger
P.O. Box 340407
Rochdale Village, NY 11434

*Por correo digital:*

lindaagh3@aol.com

*Por el internet:*

www.vacanciesinthekingdomofgod.com
www.thepublishedword/page/linda_gourdine-hunt

www.ingramcontent.com/pod-product-compliance
Lightning Source LLC
Chambersburg PA
CBHW031603040426
42452CB00006B/395